ILARGIA

ExLibric

CRISTINA A. BASTERRA

ILARGIA

EXLIBRIC

ANTEQUERA 2019

CRISTINA A. BASTERRA

ILARGIA

Índice

Tejado

Y el gato miraba la luna.
El perro dejó de ladrar al aparecer en el cielo.
Los lobos la llamaban.
El mundo se quedó quieto, mientras se alzaba imponente.
El resto, celosas, caían en busca de alguien que las amase.
Todos dormían, su luz velaba por ellos.
Al despertar, se había ido dejando la calidez de su hermano.
No hacía falta decir nada, volvería.

FRÍO

Mis manos congeladas.
El fuego ya no sirve para derretirme.
Estoy tiesa, quieta, no puedo moverme.
Nada.
Sin pestañear, sin respirar, sin sentir.
Mirando todo a través de un cristal,
un cristal roto por el frío.
Todo es tan frío...
Que mi corazón palpite en mi pecho,
que la sangre corra por mis venas.
Todo es tan frío...
Que mis manos están congeladas.

DE LLANTO

De llanto escribí estas palabras.
Te amé, pero el amor no es eterno, y menos una vida.
Las lágrimas derretían el papel, y el rímel hacía de tinta.
No quedaban palabras, solo manchas borrosas.
Las caricias se evaporaban, el sabor de tu piel se mezclaba con el chocolate;
tu olor de mi ropa se escapaba, tu fragancia era mi colonia;
las flores se marchitaban por mis lágrimas.
Cuando te diste cuenta de que lloraba, ya era tarde, ya estaba muerta.

VENTANAS

En una de las ventanas veía la luz,
un arcoíris de luces, sombras de vida;
colores marrones que se reflejaban en tus ojos.
Algunas luciérnagas entre la oscuridad, pequeñas bolitas de luz
que me decían dónde acababa.

En la otra...
estaba mi verdadera identidad, adornada de faros que no sabían
guiarme.
Colores tristes que no se distinguían.
Tu voz que me torturaba.

En el tren solo había extraños.

¿Y AHORA QUÉ?

Los poetas se cansaron,
rompieron sus lápices y trituraron las hojas;
los cantantes cortaron sus cuerdas vocales;
los pintores lanzaron sus pinturas por la ventana;
los escritores mataron a sus personajes;
los fotógrafos rayaron sus lentes;
los arquitectos demolieron sus edificios;
los artistas cambiaron.

El arte había muerto.

DENTRO

Las campanas sonaban a lo lejos.
¿Los pájaros? Sobre nuestras cabezas,
en sus casas de vida.
los peces en el agua;
los mosquitos sobre nuestra piel;
el musgo entre los dedos;
la tierra húmeda bajo nosotros.

Las campanas no se oían;
los pájaros surcaban el cielo,
dentro, más adentro que nunca,
donde nadie nos encontrase,

donde nadie nos salvase.

PODRÍA RECONOCER

Sí, podría reconocer muchas cosas.
Que fallé, que me equivoqué, que lloré.
Podría reconocer que no sé hacia dónde voy.
En tres meses cojo un avión,
lejos,
tan lejos como pueda ir.
El pueblo me está agobiando.

También podría reconocer que no lo tenía planeado.
Ni siquiera tenía planeado estar a estas horas despierta.

Diría que nunca planeo nada,
pero obviamente mentiría.
Todo está planeado en esta cabecita que echarás de menos.

Otra de las cosas que podría reconocer es que nunca me sale nada
según lo planeado.

Como Él o lo de Ella.

Y ahora reconozco una cosa:

No es por ti. Es por mí, que no os soporto.

Por ti, nada

Gritaré a los siete vientos
y a los cuatro mares;
te subiré la luna al cielo;
recogeré el manto de estrellas;
no daré la vuelta al mundo;
no me tiraría a un volcán por ti,
ni bajaría al infierno a buscarte.

El amor no está en las palabras,
no está en la poesía.
El amor murió de desamor.

FRÁGIL

Nunca me sentí tan frágil.
Nadie había atravesado mis muros.
Se derrumbaron, cayeron, no quedaron restos.
Nadie lo había hecho en todos mis años.

¿Tontería?

¿Quién dice que el suicidio es una tontería?

Quien no está en su piel, quien no siente el pecho contraerse a cada momento.

Quien no llora a la noche en silencio, temeroso de que le encuentren en lo más profundo del pozo.

Solo cuando lleguen a ese punto podrán rozar el sentimiento que te empuja al más oscuro abismo.

La razón de no seguir en este mundo. El dolor de sentir que nadie te quiere cuando tú quieres a muchos.

Mirar en lo más profundo de tu alma y no encontrar nada. Un vacío que te consume, la impotencia de la vida.

La razón de morir, de salir por la puerta para no volver.

La valentía de adentrarse antes de tiempo en el "después".

Pensar en suicidarse. Saber que quieres hacerlo y pensar que podrás controlarlo.

Conocer cada centímetro de tu cuerpo, sentir la sangre fluir por tus venas deseando que pare.

¡Que pare! Para que el dolor se vaya y la vida vuelva.

Sumergirse en un profundo sueño. Tranquilidad, paz. Felicidad, por fin.

Que se escuchen los gritos de los que te quisieron, que lloren.

Que se lamenten los que te despreciaron, que no quisieron conocerte.
Darles razones para vivir cada momento.
Ser su guía de cómo ser feliz, como tú lo fuiste al principio de tu muerte.
¿Quién dice que el suicidio es una tontería?
Quien no tiene razones para vivir.

ETERNO

Como al final de todo, el corazón se para;
los ríos cambian de cauce;
las montañas aparecen y desaparecen.
Todo va y viene,
empieza y acaba.
Todo tiene vida, ya que aparece,
y todo está muerto, porque se va.
No existe lo eterno.
Lo único eterno es la destrucción,
y la propia eternidad del final.

Amor

¿Quién se va a enamorar de mí?
Las arrugas en mi piel son interminables;
mis ojeras están cansadas;
mis ojos brillan por la muerte certera.

¿Quién se enamorará de mí?
Una pobre mujer enamorada del amor,
enamorada de las letras de mi piel rugosa,
de mi sangre verde por la rabia, por la tristeza.

¿Quién quiere mi amor?
Amor bañado por las sangre de otros,
lágrimas de alegría al alejarse.

¿Quién necesita el amor?
Quien se odia. Necesita mirar a otro para estar completo.

¿Quién va a enamorarse de mí?
Yo. Mi reflejo en el espejo me grita que me quiere;
mis arrugas son suaves y mis ojeras las sonrisas de mis ojos;
mi sangre es el color de la vida.

GAFAS

Sin gafas todo se ve mejor.
Las figuras se difuminan y se mezclan con otras.
Todo parece otra cosa, sacando nuevos colores.
Puedes creer lo que quieras, no hay forma de comprobarlo con
los ojos.
Todo es hermoso.

Luego te pones las gafas:
las figuras tienen límites, contornos que definen.
Todo se vuelve de los mismos colores.
Ya no puedes creer en nada.
Todo lo demuestran los ojos.

Todo se vuelve real.

Ella y él

La vida debió de haber sido sencilla.
La muerte es más complicada.
Ella no tenía dudas.
Él, sin embargo, muchas sobre su futuro.
A ella no le importaba mucho el dolor;
a él le dolía solo de pensarlo.
Ella tenía una vida corta;
él era infinito.

Ella murió mientras vivía,
y él vivió mientras moría.

A PRIMERA VISTA

En el primer momento en que te vi, supe que te quería.
En el primer momento que te vi, supe que me romperías el corazón.
A primera vista eras guapo,
Y a segunda y tercera.
A cuarta, quinta y sexta, ya no tanto.
Y a séptima lo eras y no lo eras.
A octava eras un capullo;
A la octava y media eras majo.

La verdad es que nadie puede saber cómo es alguien a primera vista,
ni en ninguna de las siguientes.

En la novena supe quién eras, o eso sigo pensando.

Puede que seas el amor de mi vida, o un gilipollas más.
Igual y todo, eres mi mejor amigo, o alguien que se quiera meter
entre mis piernas.
Pero eres persona, y eso lo descubrí en la décima.

¿DÓNDE?

Hoy no estoy,
ni para salir,
ni para entrar adentro.
Hoy no estoy ni para jugar,
ni dejar de hacer el juego.
Ayer me fui, ayer volví.
Ya no sé ni dónde me encuentro.
Quizás en medio, quizá no estoy.
Quizá, simplemente, sigo aquí.

DE MAYOR

Dicen que las estrellas fugaces conceden deseos.

Dicen que el tiempo cura las heridas.

Dicen que después de la tormenta viene la calma.

Dicen que estoy mejor sin ti, que me retraes y me lanzas por las nubes. Pero les rechazo sus ideas llamándoles locos y los meto en manicomios. Me agarro a tus piernas y no me suelto. Te retengo en mi sótano, atada.

Pero… ¿y si soy yo la que está atada? ¿Atada a qué? A los labios que una vez dijeron que me querían; al suelo donde di mi primer paso; a los primeros pantalones que rompí por jugar; al monte por el que corría contigo de la mano, porque era de noche y tenías miedo; a cuando me agarrabas fuertemente de los hombros y escondías tu cara en mi cuello, porque te daba miedo la oscuridad de mi cuarto. Tengo un gran problema y es que crecemos, nos enamoramos, rompemos, lloramos y nos hacemos mayores. Da miedo no saber qué va a pasar.

Me aferro a tus recuerdos volando por mi mente; al tacto de tus labios en los besos de despedida, a esos que te di sabiendo que no sería el último, pero sin saber cuál lo sería.

No te entristezcas por mí. Algún día me olvidaré, lo sé. Te aseguro que no será mañana, pero tampoco sé si fue ayer.

Te escribiré los adioses en las nubes.

Mentiras

La gente miente.
Cada día descubro que las palabras que dicen, las que salen de su boca o escriben, son mentira.
Pasean por la calle "felices", con sus sonrisas falsas y sus lágrimas invisibles.
Todos se creen únicos, solos,
mas no es más que una proyección de nuestras mentes.
Nos engañan, nos traicionan, nos corrompen…
Se miente a sí misma pensando que no se descubrirá, que la mentira acabará siendo verdad.
Pero la cura es ir con la verdad.
Y así, solo así, no existirá la mentira y será todo verdad.

TE INVITO

Te invito a recorrer mis lágrimas negras por el rímel;
mis agujeros negros debajo de mis oscuros ojos por llorar por las
noches queriendo olvidar;
olvidar que tus manos no recorrerán mi cuerpo más. Que no tendré
el sabor a cereza de tus labios en mi boca, ni los abismos de tus
ojos verdes puestos en los míos.
Te invito con mi último suspiro a la casa de mi corazón, a la esquina
de la barra de aquel bar donde nos conocimos, a los bancos de
aquella biblioteca donde me diste nuestro primer beso, o la orilla
de aquella playa donde me dijiste por primera vez que me querías.
Te invito a mis recuerdos para que recuerdes, no los olvides.

Saco

Me moriré.
Seré un saco de huesos,
podrido, preparado para su último encargo: bajar hasta el final
del océano,
buscando los corales que un día iluminaron mi mirada,
Los delfines con los que salté al amanecer de mi nacimiento,
el tesoro de aquel pirata que se hundió con su tripulación y sus
mil tesoros robados.
Mis huesos serán polvo que volará por el universo para convertirse
en otras cosas; mi dinero se perderá en las manos de otros; mis
recuerdos se olvidarán en unas neuronas muertas.
Me desharé en la nada, de la que nunca debí salir.

SEGUIDA

Pero, Destino, esta vez te ganaré la partida de ajedrez, y tu rey caerá junto con los peones del juego que jamás perdiste.

Siempre hay una primera vez para todo.

Si...

Si por una mirada fuera,
si en un suspiro pudiésemos saber lo que nos pasó;
si volásemos con los besos lanzados;
si no intentase llenar un mar de mis lágrimas;
si fuera a buscarte un vez más.
Quizás, y solo quizás...

Si me confesases tu amor en vez de callarte;
si blandieses tu bandera en mis caderas;
si me callases con besos cuando divago;
si saltases esa barrera del orgullo.
Quizás, y sólo quizás...

podríamos estar juntos.

MUERTE

La muerte: un milisegundo que rompe la vida en mil pedazos.
Las muertes que pudo tener este cosido corazón…
¿Cinco? ¿Quizá seis? Seguro que más. Su contador paró cuando
no quedaba más que coser.

PREGUNTAS Y LÁGRIMAS

Me perdí en un mar de lágrimas que no entendía.

¡Hacía tanto que no lloraba, que la sensación de las lágrimas bajando por mi cara me era extraña!

Te pregunté cien veces por qué. No respondías ninguna, pero insistías en que te respondiese, cuando las respuestas estaban en tus labios.

Intentaste cambiarme, pero era demasiado fuerte... ¿O demasiado débil?

Caí en tu trampa.

Y ahora, jamás podré salir de esta hoguera.

RECUERDOS

Jamás pensé en fundirme,
transformar mi cuerpo en tinta,
borrar del prado los recuerdos;
recuerdos, aquellos recuerdos que apenas recuerdo.
Ironías de la vida son estas, las palabras que escribo en una hoja
en blanco.
El otro día los escribí, el corazón se me partió mientras leía callado.
Luego no dijo nada; no me echó, ni me apartó; solo se quedó ahí
e intentó abrazarme.
Lloré, como nunca lo había hecho por ti,
e intenté escribir, pero no tenía más palabras.
¿Por qué?
Al fin y al cabo, solo sé hacer esto:
escribir.

Espérame

Nunca supiste esperarme.
Echabas a andar cuando estaba cerca de ti.
Por muchos años corrí detrás de ti, pensando que eras única.
Luego...
Luego las cosas cambiaron. Yo cambié muy rápido, demasiado para tu entristecido corazón.
Entonces, no te veía esperándome. Solo al final, cuando no quedaba más camino que recorrer.
Han seguido pasando años. Crecimos, para bien o para mal.
Eso solo el tiempo puede decírnoslo.
Pero ¿qué tiempo?
El nuestro se agota, y apenas he empezado a andar hacia ti.

¡SHHH!

Me amaste desde el primer momento, yo no lo supe hasta años después.
Soportaste muchas cosas por mí.
No recuerdo ni una. Eso es triste, ¿no lo crees?
Esperaste a que creciese. Ahora ya soy mayor, y te necesito como el primer momento, pero nunca lo admitiré.
Soy demasiado orgullosa para eso (guárdame el secreto).
Aunque nunca te lo haya dicho, no te responda, y no hablemos,

te quiero.

DE LA MANO

Me enseñaste a levantarme cuando me caía, y la mayoría de las veces me empujabas tú.
¿Me perdonas no haberte ayudado a levantarte?
Yo jamás me lo perdonaré. Fue muy triste lo que nos pasó, y no estuve a tu lado.
Te hice llorar, no te consolé, y luego yo lloré por estúpida.
Me gustaría volver a esos años y cambiarlos,
pero no podemos, la vida sigue.
¿Puedo pedirte un favor?
No me sueltes la mano: no podría levantarme una vez más.

UN DÍA DE ESTOS

Un día de estos moriré entre tus brazos, sin que te des cuenta de que llegué a ti.

Aquella noche

Me gustaría ser el collar que entra en tu vestido,
la pintura que dejé sobre tu piel,
la rosa que olvidaste en el banco,
las palabras que me callé por mi orgullo... ¡Malditas palabras!
¿Por qué no te las dije cuando te tenía delante?
Se me olvidaba: entonces, no sabía que te quería.

Deber

Se alzaron los reyes ante el pueblo, pero cayeron por las leyes. Los revolucionarios querían cambiar las cosas, pero fueron esclavos de sus ideales.

¡OH, ÁRBOL!

Se cuentan muchas historias sobre todo.

Todas distintas: distintos principios, distintos finales, misma historia.

Pocos saben la historia del árbol, aquellos que la han escuchado de él.

Si caminas por las desiertas calles, vagamente iluminadas por el leve brillo de la luna, puedes escuchar a las hojas susurrarle al viento sus historias.

Las noches de tormenta, acurrucados en la cama, los truenos cortan su respiración haciendo eco de sus palabras.

Se cuenta que tiene tantos años que ni su historia tiene inicio.

En cada una de sus hojas se encuentra un año del mundo, esperando ser leído por algún curioso.

Ahí me dirigía yo, con los pies embarrados por la tormenta.

Parecía un árbol normal, como todos,

pero en su interior estaban las verdades del mundo, los amores perdidos, las sangrientas batallas que hacíamos por cosas insignificantes.

Trepé por su tronco hasta subir a las ramas.

Desde esa altura el pueblo parecía mucho más pequeño, haciendo nuestras vidas insignificantes, comparadas con las del resto del mundo.

SI TÚ ME DEJAS

¡Por fin te olvidé!
¡Já, qué mentira acabo de soltarle a nadie, o a todos!
Ya no sé ni quién soy.
La que se sienta al lado, o la que te espera en la entrada.
Ojalá pudieras decírmelo, ayudaría a mi locura crónica.
Si entendieses mis palabras, o yo las tuyas... Claro, que estás tan
lejos, al otro lado de la habitación, que cruzar me da miedo.
¿Por qué no me dices ya tus deseos? Podría ayudarte a realizarlos,
o a olvidarlos sustituyéndolos por otros.
O podría salir por la puerta y, por fin, olvidarme de ti.

¿Y QUIÉN ME MATARÁ?

Mi muerte será estúpida y sin sentido.
Mi asesino seré yo.
Mi yo del pasado o mi yo del futuro.
Hundiré mis manos en mi pecho, arrancando todos los restos de vida que queden dentro de mí.
Solo seré carne que se descompone en la tierra que me vio nacer, que me dio mi vida y le entrego mi muerte.

LA PRIMERA VEZ

Mi corazón palpitaba en mi pecho a una velocidad que creí que
no era humana.
Le había dado cientos de vueltas en la cabeza. Estaba muy nerviosa;
me mojé los labios con el agua de dentro de la taza;
sentía el frío de las baldosas recorrer todo mi cuerpo, dándome
ganas de retirarme de la batalla.
En unos milisegundos los engranajes se ajustaron, caminé los pocos
centímetros que nos separaban y, después de besarte en la frente,
te dije por primera vez:
te quiero.

ADIÓS

Cerré la puerta y me alejé por el pasillo.

Reuní todas mis fuerzas para no dar la vuelta y volver a ti.

Pensé que saldrías del cuarto gritando mi nombre y diciendo que me amabas.

Pero el pasillo se acabó. Llegaron las escaleras y nada pasó. Así que salí por la puerta, sin saber que me mirabas por la ventana esperando verme volver.

REGALO

No te pedía el cielo.
Tampoco que me regalases todas las joyas del mundo,
ni que me invitases a lujosos hoteles,
o que halagases cada cosa que hacía.
No pedía mucho:
una manta sobre mis hombros en las noches frías,
un "buenas noches" al irnos a dormir,
o una simple sonrisa al mirarnos.
Pero quisiste regalarme la luna, siempre a trozos,
rompiendo nuestro cielo, la única joya que me quedaba.
Las sonrisas pasaron a nada, y la nada nos destruyó,
regalándome otra cicatriz,

quizá, lo único que acepte.

IN THE END

El cielo se empezó a caer en pedazos;
la tierra se partía;
la guerra inundaba nuestras calles;
La estábamos matando.
Los pocos que decían la verdad eran callados, a base de dinero o
callándolos para siempre.
Los pocos locos que quedábamos nos escondíamos en los libros
con finales felices o canciones que contaban la realidad.
Y el final llegó, callando a todos,
y nadie se salvó,
nadie era inocente,
nadie era nadie.
Y ella encerró a los locos en su prisión bajo tierra.
Tal vez salvándonos, tal vez condenándonos.

Tiempo

Perdemos la consciencia del tiempo,
olvidamos que todo pasa.
Los recuerdos se difuminan y se mezclan con otros.
Veinte años se pasan en dos segundos,
y cinco segundos me durarán quince años.
Necesitaré una de mis siete vidas para dejarlo pasar.
No sentir la herida arder al olerte.
Malgastamos el tiempo con estupideces sin sentido. Y cuando nos
quedan unos segundos, nos arrepentimos.
Pudimos haber hecho tantas cosas...
Pudimos haber ido a tantos sitios...
Tendríamos un final distinto,
y seguiríamos arrepintiéndonos.
Pero no hay siete vidas, solo una.
Todos esperamos no arrepentirnos.

Escribiendo

Escribiendo puedo borrar lo que pienso.
Las palabras salen mejor tiñendo el papel.
Frases sencillas que decía en mi interior
las convertía en poesía con mis dedos.
La sencillez de juntar simples letras que creaban las más dulces
de las frases,
o las más vulgares de ellas.
Pero yo no era poetisa, y mucho menos poeta:
yo solo escribía, sin que nadie dijese nada.

El tiempo no sabe qué hora es

El tiempo no sabe qué hora es.
Es un retrasado.
Siempre llega tarde, o demasiado pronto.
Pero no podemos hacer nada,
porque el tiempo no sabe qué hora es.

Sinsentido

El coro cantando en la espiral del universo;
sus voces resonando en un cráneo vacío;
mutantes de tierra que alzaban sus copas a grito.

54

SER

No quiero ser, soy.
Soy un millón de casualidades,
millones de seres que fueron,
y seré millones que serán.
Pero aquí y ahora, soy,
y dejaré de ser.

TÚ O YO

Intentaba no ser como ella,
que no se reflejase en mí.
Me había pegado tanto a ella que imitaba sus movimientos.
Detestaba parecerme, la sensación de no estar en tu piel,
ser otro conscientemente de no ser tú.
Todo era en pasado, ya es el futuro.
Había cerrado ya ese capítulo de mi vida.
Estoy terminando el libro que empecé hace muchos años.
Este es mi final.
Hasta otra vida.

BURBUJA

Para qué sufrir cuando necesitas reír.
Un café frío,
una tilde de menos y una 'h' de más;
puede que algún papel y un bolígrafo de punta fina;
un libro a un lado;
en el otro, la ventana con el sol.
Puede que alguien te haga gritar "burbuja".
Sí, como las de jabón,
porque es imposible sentirse mal diciendo "burbuja".
O eso creo,
o eso me han dicho,
o eso he oído.
Di "bur-bu-ja".